Table des matières

Introduction

Les années 1990 ont vu émerger une nouvelle façon d'appréhender le principe de participation[1] : lors de l'élaboration d'un projet d'intérêt général par exemple, on institue une distinction entre l'intérêt général du projet et l'intérêt général propre à la participation des citoyens à l'élaboration de la décision.

Plusieurs raisons peuvent être évoquées pour soutenir cette nouvelle philosophie : la participation *améliorerait* la qualité du *contenu* des décisions de même que la qualité de *l'adhésion* à la mise en œuvre de la décision.

En ce qui concerne l'amélioration de la qualité du *contenu* des décisions, nous considérerons ici deux approches théoriques pour comprendre le phénomène. Ces approches sont toutes deux inspirées de l'approche durkheimienne des « groupes secondaires ».

Premièrement, les associations (groupes secondaires dans la théorie de Durkheim) sont plus proches des individus que l'État, et par conséquent, elles sont mieux placées pour pouvoir prendre en compte les savoirs, les convictions et les valeurs individuelles.

En second lieu, une décision ou une action adéquate procède d'un ajustement entre des connaissances multiples et des normes, c'est-à-dire d'un cadrage approprié. Or, ce cadrage approprié ne peut se construire qu'à travers un processus de circulation des questions dans plusieurs sphères (scientifiques, sociales, locales, régionales). La circulation des questions est justement induite par les différentes formes de participation.

Pour ce qui est de l'amélioration de la qualité de *l'adhésion* à la mise en œuvre des décisions, l'approche durkheimienne des groupes secondaires permet également de mieux comprendre.

---

[1] Dans ce travail, nous aborderons le concept de participation dans le sens politique et organisationnel du terme. Sous cet angle, la « participation désigne le fait, pour des individus, d'être associés à des décisions » (Godbout, 1983, page 20).

En effet, Durkheim reconnaît trois (3) fonctions aux groupes secondaires ou associations ; parmi ces trois fonctions, figure la « fonction d'engagement ». Pour Durkheim, les associations sont des extensions des institutions primaires de la société telles que la « famille ». À ce titre, ce sont des lieux où se manifeste l'engagement des individus dans la société.

De ce fait, les associations ont une autorité morale sur leurs membres et peuvent ainsi assurer la reconnaissance et l'acceptation de règles par les participants.

Après deux décennies de pratique, les chercheurs et les praticiens de la participation commencent à établir les premiers bilans des dispositifs participatifs.

Pour faire ces bilans, certains adoptent une approche structurelle (la participation est alors considérée comme un phénomène dépendant des relations entre les acteurs), d'autres une approche processuelle qui s'intéresse davantage aux évolutions qui se produisent dans les interactions entre les acteurs au cours du processus participatif.

Chacune de ces approches (structurelle et processuelle) est intéressante mais insuffisante pour avoir une vision complète de la réalité ; il est nécessaire de les croiser. Dans cet article, nous proposons un cadre d'analyse et d'évaluation qui, contrairement à la majorité des cadres d'analyse existants, associe l'approche structurelle à l'approche processuelle dans l'étude des processus participatifs.

Cadre d'analyse et d'évaluation des processus participatifs

1. Approche structurelle

Pour ce qui est de l'approche structurelle, nous étudierons la participation en la décomposant en six sous-systèmes portant sur : le projet, les acteurs, les modes d'interaction, la décision, la mise en œuvre et le suivi-modification.

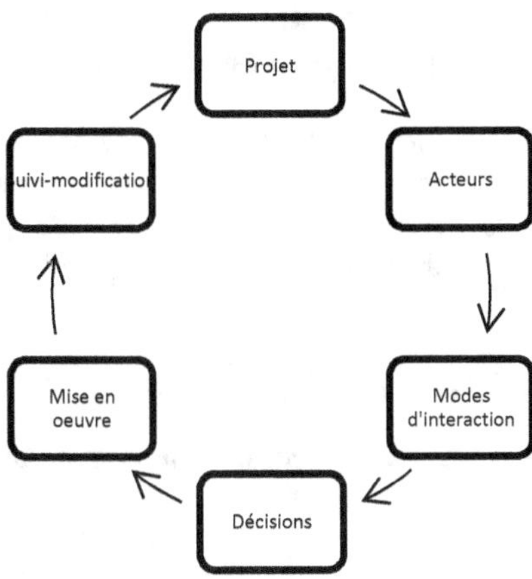

Figure 1: Les composantes du processus participatif

En effet, tout processus participatif démarre à partir d'une idée, d'une intention, d'un problème à résoudre, d'une décision à prendre ou d'un projet.

Cette idée ou ce projet est porté par des acteurs. D'autres acteurs sont également concernés par le projet, soit parce qu'ils seront directement touchés par les retombées (positives ou négatives) de ce projet, soit parce qu'ils ont un « intérêt à faire valoir à l'égard du processus décisionnel » (Art.2 Convention d'Aarhus).

Ces acteurs vont interagir selon différents modes pour produire des décisions qui seront ensuite mises en œuvre. En général, la mise en œuvre des décisions est suivie d'une évaluation *ex-post* afin de corriger les retombées négatives éventuelles du projet (figure 1).

1.1 Le projet

Plusieurs caractéristiques propres à un projet soumis au processus participatif peuvent influencer la participation des acteurs à la prise de décision. Ces caractéristiques se rapportent aux aspects suivants :

1- Qui est le porteur du projet?
2- Le projet présente-t-il une certaine lisibilité des intérêts?
3- A-t-on une bonne lisibilité des rôles?
4- Quelle est la profondeur de l'offre?
5- Quelle est la largeur de l'offre?
6- Y-a-t'il une asymétrie au niveau cognitif?

1.1.1 Qui est le porteur du projet?

La participation est généralement conçue comme un modèle de décision bottom-up, en opposition au modèle de décision top-down dans lequel les projets sont totalement conçus par un petit groupe de dirigeants avant d'être mis en œuvre sur le terrain.

La distinction entre les deux modèles de décision réside dans la question « qui porte l'initiative dans le processus de décision? » Si c'est le maître d'ouvrage ou le maître d'œuvre, on est dans le modèle top-down, et c'est en général connoté négativement. Au contraire, si ce sont les parties prenantes, on est dans le modèle bottom-up.

Or, ce qui pose problème dans le modèle top-down, ce n'est pas tellement le fait que le maître d'œuvre ou le maître d'ouvrage ait une part très forte d'initiative. C'est plutôt l'utilisation de leviers étrangers au mérite propre du projet (c'est-à-dire le recours aux asymétries de pouvoirs ou "forçage") pour faire accepter le projet.

On peut alors introduire une nouvelle question : « Y-a-t'il exploitation des asymétries de pouvoir? » On passe ainsi des deux modèles top-down et bottom-up à quatre modèles : DAD (Décider-Annoncer-Défendre), CAC (Concerter-Analyser-Choisir), IDE (Instituer-Délibérer-Éluder) et PER (Proposer-Écouter-Requalifier). Voir les tableaux 1 et 2).

Le DAD correspond au modèle top-down et le CAC n'est autre que le modèle bottom-up.

Le PER est un modèle de décision où l'initiative est portée par un porteur de projet qui suscite une concertation à propos de son projet afin de le reformuler. Ce modèle présente l'avantage de mettre à profit les compétences techniques et économiques, de même que l'expérience du porteur de projet.

L'IDE est une forme pervertie de concertation dans laquelle certains acteurs font jouer les rapports de force afin d'éluder les problèmes centraux tout en donnant l'apparence d'une concertation. L'IDE se rapproche de ce que Dupont (1994) appelle « l'argumentation - débat » et qu'il situe (dans l'ensemble des systèmes de décision) entre « l'évitement » et « l'affrontement ».

Tableau 1: Modèles de décision top-down et bottom-up

Qui porte l'initiative dans le processus de décision?	Un porteur de projet	Les parties prenantes
	Modèle de décision top-down	Modèle de décision bottom-up

Tableau 2: Modèles d'analyse des systèmes de décision (Source : Mermet, 2008, diapo 21)

Qui porte l'initiative ? / Exploitation des Asymétries de pouvoir	Un porteur de projet	Les parties prenantes
Asymétries fortement exploitées	Décider-Annoncer-Défendre (DAD)	Instituer-Délibérer-Éluder (IDE)
Asymétries faiblement exploitées	Proposer-Écouter-Requalifier (PER)	Concerter-Analyser-Choisir (CAC)

(FORÇAGE ↑)

1.1.2 Le projet présente-t-il une certaine lisibilité des intérêts?

La lisibilité des intérêts en présence est un facteur essentiel pour une bonne participation des acteurs à un projet. En effet, pour pouvoir analyser un projet et contribuer à son amélioration, les acteurs ont besoin de connaître les avantages et les inconvénients du projet (du moins les inconvénients prévisibles du projet).

Ils doivent savoir quels sont les intérêts publics servis, les intérêts privés lésés, les intérêts privés servis et les intérêts publics lésés (le cas échéant). Très souvent, les porteurs de projets mettent en avant les avantages de leur projet tout en étant plus réservés sur ses inconvénients et les intérêts privés lésés.

Cette forme d'asymétrie d'information est un élément caractéristique de "forçage" (exploitation des asymétries de pouvoir).

1.1.3 A-t-on une bonne lisibilité des rôles?

Comme la lisibilité des intérêts, la lisibilité des rôles est indispensable pour une bonne participation. Savoir « qui est qui » et « qui fait quoi » dans un projet est une garantie majeure contre la manipulation.

1.1.4 Quelle est la profondeur de l'offre?

Il s'agit ici du degré d'élaboration technique et économique du projet. L'offre est profonde lorsque le projet est soutenu par des études techniques et économiques détaillées que l'on peut soumettre à un examen critique sans crainte qu'elles s'effondrent.

1.1.5 Quelle est la largeur de l'offre?

L'offre est large si le projet présente plusieurs variantes ou est comparé à des projets alternatifs, ou encore lorsque le projet est

placé dans un contexte de planification ou de politique générale
qui lui donne un sens particulier.

1.1.6 Asymétrie cognitive

La participation réunit souvent des acteurs de divers horizons
avec des niveaux d'éducation très variables. Ainsi, on peut
retrouver côte à côte des paysans et des chercheurs de renommée
nationale ou même internationale.

Il en résulte une grande asymétrie des connaissances
(notamment les connaissances scientifiques). Pour assurer un
dialogue effectif entre les participants, il est nécessaire de
vulgariser les données scientifiques et techniques liées au projet.

1.2 Les acteurs

La deuxième étape de l'étude des processus participatifs est celle
de l'identification des acteurs. Comme acteurs, nous entendons :
les individus, les équipes, les institutions ou les groupes sociaux
qui interviennent dans le processus participatif et qui possèdent
dans ce processus une autonomie d'initiative ou de réaction.

On distingue plusieurs catégories d'acteurs dans un processus
participatif. D'abord, il y a les acteurs qui agissent directement
dans le processus participatif et les acteurs qui n'agissent
qu'indirectement en influençant ceux-ci.

1.3 Les modes d'interaction

Il existe plusieurs modes d'interaction entre les acteurs
impliqués dans un processus participatif. Pour étudier ces
différents modes d'interaction, nous nous baserons sur l'échelle
de la participation (*ladder of citizen participation*) de Sherry
Arnstein (1969).

Cette échelle propose une hiérarchisation des pratiques (en
matière de participation) en huit degrés regroupés en trois
niveaux de participation (figure 2)

1- Le premier niveau comporte deux degrés : la *manipulation* et la *thérapie*. C'est le niveau de la *non-participation* : en effet, l'objectif principal ici est d'éduquer les acteurs, de traiter leurs pathologies à l'origine du problème qu'on veut résoudre.

La démarche consiste le plus souvent à proposer un plan considéré comme *le* meilleur et à rechercher le soutien public en utilisant des techniques relevant du domaine de la publicité et des relations publiques.

2- Le second niveau comporte trois degrés : *l'information*, la *consultation* et la *réassurance*. C'est le niveau de la *coopération symbolique (tokenism)*.

L'information est une phase nécessaire mais non suffisante pour légitimer le terme de la participation puisqu'elle privilégie un flux à sens unique sans *feed back*.

Par contre, la *consultation* permet un certain *feed back*, puisque les attentes et les suggestions des acteurs sont récoltées. Cependant, il n'y a aucune garantie que ces attentes et suggestions soient effectivement intégrées dans la décision. Il peut parfois s'agir d'un simple rituel sans aucune conséquence sur la décision finale.

Enfin, la *réassurance (placation)* consiste à inviter les citoyens à donner des conseils et à faire des propositions, mais en laissant ceux qui ont le pouvoir, seuls juges de la faisabilité ou de la légitimité des conseils en question.

3- Le troisième niveau comporte également trois degrés : le *partenariat*, la *délégation de pouvoir*, et le *contrôle citoyen*. C'est le niveau du *pouvoir effectif des citoyens*.

Le *partenariat* se concrétise par la formation de comités associant les citoyens et les dirigeants dans la prise de décision.

La *délégation de pouvoir* est assez similaire au *partenariat* cependant, les citoyens occupent une position majoritaire ou disposent de droits de véto.

Quant au *contrôle citoyen*, il désigne les situations où les tâches de conception, de planification et de direction des programmes relèvent directement des citoyens (Donzelot et Epstein, 2006).

Figure 2: L'échelle de la participation d'Arnstein (Source : Donzelot et Epstein, 2006, page 7)

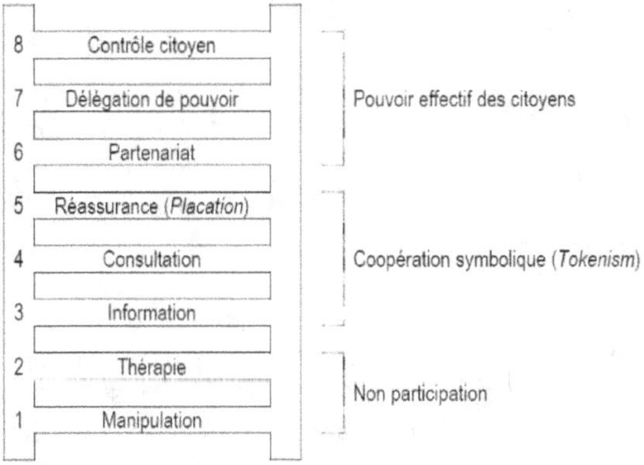

1.4 La décision

On distingue différents modes de prise de décision. À chaque mode de prise de décision correspond un certain *"degré d'autoritarisme"* (ou un *"degré d'adhésion des acteurs"*) (voir figure 3).

Ainsi, la décision par consensus est moins "autoritaire" que la décision par un leader ou par un expert. Cependant, elle est plus "autoritaire" que la décision à l'unanimité, car la prise de décision par consensus peut nécessiter des compromis, inclure des réserves, s'accommoder d'abstentions, ce qui n'est pas le cas d'une décision réellement unanime.

En matière de participation, la décision par consensus présente plusieurs avantages. En effet, le recours au consensus peut permettre d'une part d'améliorer la qualité du contenu d'une décision : la démarche consensuelle favorise l'interaction constructive entre les acteurs et permet d'explorer des solutions inédites.

D'autre part, le recours au consensus peut améliorer la qualité de l'adhésion des acteurs à la décision prise. Ayant participé activement à l'accouchement de cette décision, les participants s'en approprient beaucoup plus aisément le contenu. On a l'équation suivante (Vodoz, 1994) :

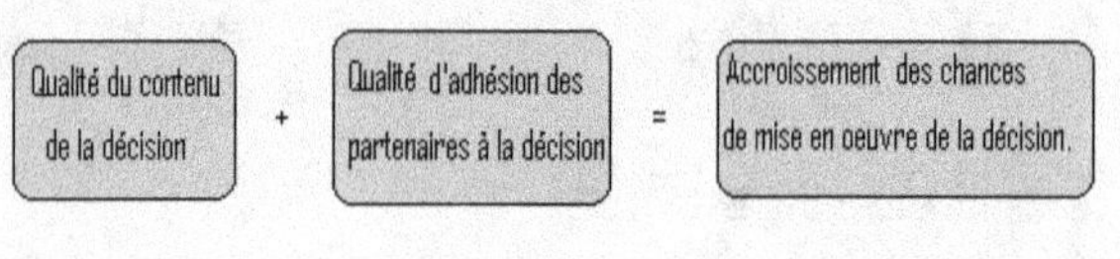

Luc Vodoz (1994) définit le consensus de la façon suivante : « Le consensus est le produit d'un mode de prise de décision par un groupe dans son ensemble, mode de décision dans lequel chacun vise à trouver la meilleure solution possible pour ce groupe tel qu'il est à un moment donné ; ce qui implique que l'ensemble du groupe accepte de prendre part à la mise en œuvre de la décision élaborée».

Le consensus est différent de l'unanimité (similitude quasiment totale des points de vue) et du compromis (jeu de concessions réciproques permettant de rapprocher des points de vue divergents).

Si la prise de décision par consensus peut inclure des recherches de compromis, elle s'en différencie dans le sens qu'elle suppose une transformation des points de vue des protagonistes, un changement de perception et/ou de positions, suite auquel le consensus obtenu est plus qu'une demi-mesure entre deux points de vue divergents.

La recherche de consensus peut ainsi permettre la création d'une solution inédite susceptible de satisfaire les partenaires de la décision de manière plus profonde que suite à une série de concessions (Vodoz, 1994). La figure 4 montre schématiquement quelques distinctions à faire entre consensus, compromis et unanimité.

Figure 3 : Modes de prise de décision, degrés "d'autoritarisme" et d'adhésion (Source : Vodoz, 1994, page 58)

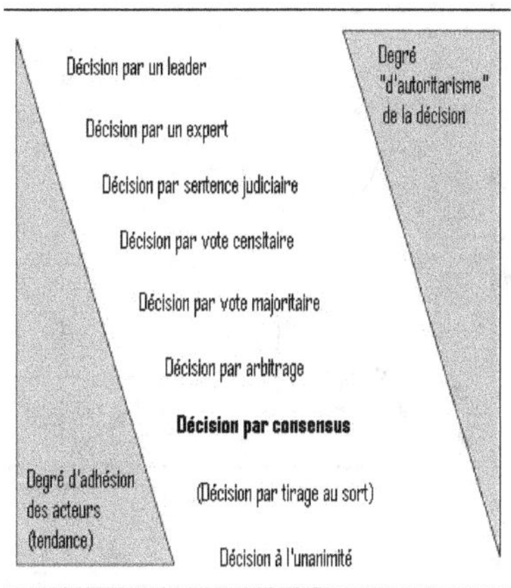

Figure 4 : Consensus, compromis, unanimité (Source : Vodoz, 1994, page 57)

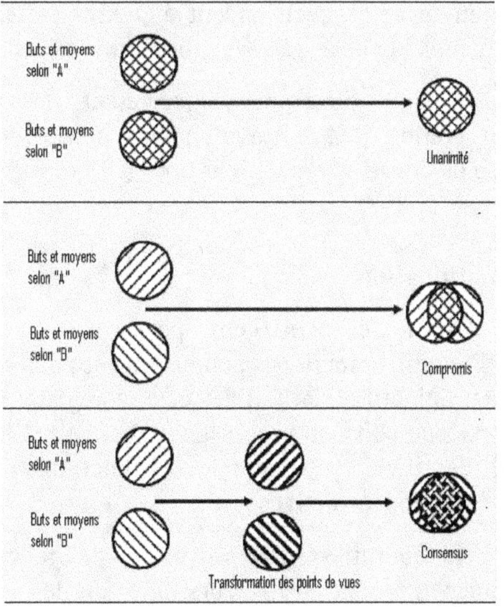

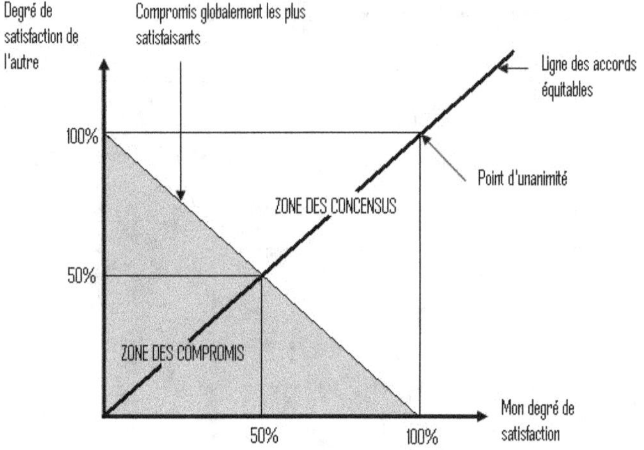

Figure 5 : Compromis, consensus et degré de satisfaction des partenaires (Source : Vodoz, 1994, page 58)

1.5 La mise en œuvre de la décision

Il est important de vérifier que les acteurs qui interviennent dans la mise en œuvre de la décision ont été associés au processus participatif depuis la phase de conception du projet.

En effet, certains dirigeants interprètent la notion de participation comme "faire travailler les acteurs uniquement dans la phase de construction de leur projet" (Faure, 2003).

1.6 Suivi-modification

L'attention doit, à ce niveau être portée sur l'existence de procédures d'enregistrement des actions menées dans le cadre du processus participatif. En effet, ces enregistrements sont nécessaires pour le suivi du processus participatif. Elles peuvent permettre d'identifier rapidement les disfonctionnements et de proposer des actions correctives.

D'autre part, il faudrait vérifier s'il existe des mécanismes de *feed back* qui permettent aux acteurs, une fois le projet mis en place, de réagir sur ses (éventuels) effets négatifs non prévus.

14

1.7 Tableau récapitulatif : approche structurelle

Tableau 3: Cadre d'analyse et d'évaluation des processus participatifs - approche structurelle.

Aspect du processus participatif étudié	Questionnements
Le projet	1- Qui porte de projet? 2- Le projet présent-t-il une bonne lisibilité des intérêts? 3- Le projet présente-t-il une bonne lisibilité des rôles? 4- Quelle est la profondeur de l'offre? 5- Quelle est la largeur de l'offre? 6- Y-a-t'il asymétrie sur le plan cognitif?
Les acteurs	1- Quels sont les acteurs directement concernés par le processus participatif? 2- Quels sont les acteurs qui interviennent indirectement dans le processus participatif?
Les modes d'interaction entre acteurs	Quel est le degré de participation suivant l'échelle d'Arnstein? 1- Manipulation. 2- Thérapie. 3- Information. 4- Consultation. 5- Réassurance (*Placation*). 6- Partenariat. 7- Délégation de pouvoir. 8- Contrôle citoyen.
La décision	Quels sont les principaux modes de prise de décision? 1- Consensus. 2- Compromis. 3- Unanimité. 4- Vote majoritaire. 5- Arbitrage. 6- Décision par un expert. 7- Décision par un leader. 8- Tirage au sort.

La mise en œuvre	Les acteurs qui interviennent dans la phase de mise en œuvre de la décision ont-ils été associés au processus participatif depuis la phase de conception du projet?
Le suivi-modification	1- Existe-il des procédures d'enregistrement des actions menées? 2- Existe-il des mécanismes de *feed back* permettant aux acteurs de réagir même après la mise en place du projet?

2 Approche processuelle

La participation est un processus qui recouvre plusieurs aspects que nous allons décrypter dans cette partie :

2.1 La participation comme principal moyen d'élaboration de valeurs (normes) collectives en matière de gestion de l'environnement.

En adoptant l'approche durkheimienne des *groupes secondaires* (corporations, syndicats…), Marc Mormont (1998) démontre que la stimulation des relations entre les groupes sociaux occasionnée par le processus de participation joue un rôle primordial dans l'élaboration de valeurs collectives en matière de gestion de l'environnement.

En effet, l'approche durkheimienne confère aux associations (ou groupes secondaires) trois fonctions essentielles : une fonction cognitive, une fonction d'identité ou fonction d'engagement et une fonction morale ou régulatrice.

La fonction cognitive des associations : plus proche des individus (que l'État) pour pouvoir prendre en compte les convictions, les valeurs et les savoirs individuels, les associations sont le lieu où s'expriment les insatisfactions de manière à ce que les autorités ressentent les impacts des mauvais fonctionnements, des coordinations mal assurées, des défaillances de l'organisation sociale.

La fonction d'engagement : Durkheim considère les groupes secondaires comme des extensions des institutions primaires de la société telles que la « famille ». À ce titre, les groupes secondaires sont des lieux où se manifeste l'engagement des individus dans la société.

La fonction régulatrice ou morale : pour Durkheim, les groupes secondaires sont les lieux où s'élaborent les règles et les valeurs collectives. L'autorité morale de ces groupes permet la reconnaissance et l'acceptation des règles par les acteurs.

Durkheim conclut en expliquant que c'est la stimulation, voire l'excitation des relations et des frictions entre les groupes secondaires qui déclenche la formulation de règles et de valeurs collectives.

Dans le domaine de l'environnement, la stimulation des relations entre groupes secondaires se produit essentiellement lors des forums environnementaux (concertation, débat public…).

La participation apparaît dès lors comme un processus nécessaire, voire indispensable à l'élaboration de valeurs collectives en matière de gestion de l'environnement.

2.2 La participation comme lieu de création et de partage de valeurs (utilités)

Selon la théorie des jeux lorsqu'on négocie autour d'un seul enjeu (par exemple, lorsqu'un acheteur négocie le prix d'une marchandise), ce qui est gagné par l'un est *nécessairement* perdu par l'autre. Ainsi, l'utilité globale (la somme des utilités des négociateurs) ne peut dépasser 100% (figure 6).

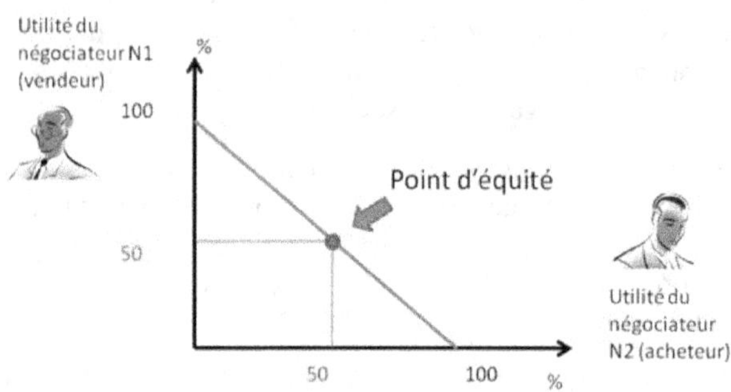

Figure 6: *Négociation à un seul enjeu* (Source : inspiré de Dupont, 1994, page 185)

Lorsqu'au contraire, il s'agit d'une négociation à plusieurs enjeux et surtout, si ces enjeux sont *différemment valorisés* par les parties (par exemple une négociation entre un entrepreneur et sa cliente sur la construction d'une maison : les enjeux sont le

18

prix et le délai de construction), Howard Raïffa (1982) montre qu'il est possible d'augmenter l'utilité globale des négociateurs *au-delà* de 100% : c'est *l'optimum de Pareto*.

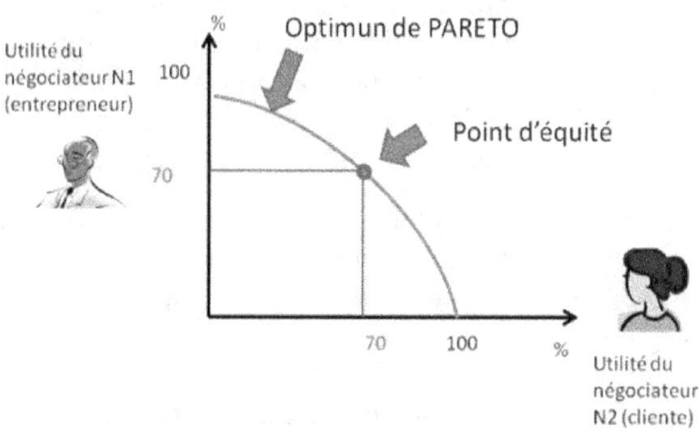

Figure 7: *Optimum de Pareto* (Source: inspiré de Raïffa, 1982, page 162)

Dans le domaine de la gestion de l'environnement où les enjeux sont souvent multiples et complexes, la participation peut permettre d'aller rechercher l'optimum de Pareto : il y aura ainsi *creating value* ou création de valeurs (selon le terme de Lax et Sebenius, 1986).

C'est ce que Fisher et Ury (1982) appellent des solutions *innovantes*. Ceci justifie la déclaration suivante du Programme des Nations Unies pour l'Environnement (PNUE) dans son rapport intitulé *Global environment outlook 3* (Geo-3) :

« L'interaction créative d'individus et de groupes restreints fournit souvent des solutions efficaces permettant de gérer des situations complexes et variables »

2.3 La participation comme processus de circulation

Selon Marc Mormont (2006), une décision ou une action adéquate procède d'un ajustement entre des connaissances multiples et des normes, c'est-à-dire d'un *cadrage* approprié. Cet ajustement ne résulte pas d'une procédure linéaire qui partirait de connaissances objectives pour aller à des choix de valeurs.

Au contraire, cet ajustement se produit à la suite d'un processus de circulation des questions dans différents sphères (locales, globales, sectorielles, scientifiques, politiques…). L'auteur cite l'exemple de la régulation des relations de travail dans la société industrielle évoquée par Durkheim.

Les questions du travail industriel (salaires, conditions de travail) ne peuvent, pour Durkheim, être justement traitées qu'en passant de la sphère de l'entreprise à celle de l'opinion publique, puis de celle de l'opinion à celle de la représentation politique, puis à celle de la négociation entre organisations représentatives.

C'est dans cette circulation que sont mobilisées différentes formes de connaissance et différentes normes (propres à chacune des sphères) qui définiront le cadrage pertinent.

2.4 La participation comme processus d'association

En se basant sur des études de cas, Marc Mormont démontre que la participation est avant tout une action collective. Elle nécessite une coopération voire une coalition entre des acteurs. Élargir les coalitions est une nécessité de l'action collective et cela implique un énorme travail d'association avec des intérêts et des groupes hétérogènes que rien ne prédisposait à se rencontrer.

Ce travail d'association ne consiste pas seulement à faire converger des intérêts parallèles ou convergents dans une coalition, il est aussi transformation des argumentations et du contenu même des projets.

Dans l'étude de cas n°1 examiné part Marc Mormont, des riverains cherchent à s'opposer à l'implantation d'une station d'épuration par crainte de nuisances présumées.

La principale difficulté consiste à argumenter leur refus face à une institution publique qui peut s'appuyer sur la légitimité politique du programme régional d'épuration des eaux et sur les arguments techniques qui font valoir la meilleure localisation possible en termes de compromis entre coût et efficacité.

Au départ, les riverains sont isolés, ils cherchent des alliés. Ils vont se tourner vers les associations de protection d'une réserve naturelle voisine et des comités de quartier qui ne sont pas toujours d'accord avec les politiques locales.

Cependant, mobiliser ces nouveaux alliés suppose une argumentation qui va au-delà des nuisances locales, une argumentation plus générale, plus « civique » : les riverains vont donc adapter leur argumentation en conséquence.

Le cas n°2 étudié par Mormont concerne l'élaboration des Plans communaux de développement de la nature (PCDN) où les citoyens sont invités à se regrouper dans un forum local et à développer des projets en partenariat.

Dans ce cas, c'est la procédure elle-même qui incite les acteurs à coopérer. Les associations de protection de la nature sont au premier plan, mais la procédure les invite à se lier à d'autres, par exemple à coupler des projets économiques ou pédagogiques à un projet de conservation.

Elles se plient en général à cette exigence, car un projet associant des acteurs multiples est politiquement plus fort, dans une commune, qu'un projet exclusivement voué à la protection d'un site qui imposerait des contraintes aux autres usagers.

L'association ouvre à une prise en compte de dimensions nouvelles de l'action ou du projet.

Le travail d'association suppose une transformation des argumentations d'intérêts particuliers vers des intérêts généraux ou partagés, de préoccupations sectorielles vers des projets «intégrés».

Ce processus peut s'interpréter comme un processus de déconstruction du cadre et de recadrage du projet et de l'action. La construction d'un nouveau cadre résulte de l'inclusion d'autres acteurs et d'autres préoccupations dans l'évaluation du problème ou la conception du projet.

Elle suppose la mise en relation des perspectives qui sont portées par des acteurs différents.

2.5 Tableau récapitulatif : approche processuelle

Tableau 4: Cadre d'analyse et d'évaluation des processus participatifs - approche processuelle

Aspect du processus participatif étudié	Questionnements
Création de valeurs (normes) collectives	1- Y-a-t'il de nouvelles valeurs (normes) qui sont apparues au cours du processus participatif? 2- Dans quelles mesures ces nouvelles valeurs sont-elles partagées par les acteurs?
Création et partage de valeurs (utilités)	1- Le processus participatif a-t-il permis de trouver des solutions innovantes? 2- Dans quelles mesures ces solutions intègrent-ils les intérêts des acteurs?
Processus de circulation	1- Quelles sont les différentes sphères dans lesquelles les questions ont circulé? 2- Cette circulation aurait-elle été possible s'il n'y avait pas eu de processus participatif?
Processus d'association	1- Le processus participatif a-t'il entraîné la création de nouveaux groupes secondaires (associations)? 2- A-t'on observé des regroupements ou des coalitions de groupes secondaires lors du processus participatif? 3- À la fin du processus participatif, que sont devenus les groupes secondaires et/ou les coalitions créées lors de ce processus?

Bibliographie

Arnstein, R.S., (1969), "A Ladder Of Citizen Participation", *Journal of the American Institute of Planners*, vol. 35, n°4, pp. 216-224

Convention d'Aarhus, disponible sur http://www.unece.org/fileadmin/DAM/env/pp/documents/cep43f.pdf .

Donzelot, J. et R., Epstein (2006), « Démocratie et participation : l'exemple de la rénovation urbaine », *Esprit*, n°326, pp. 5-34

Dupont, C., (1994), La *négociation : conduite, théorie, applications*, Paris, Dalloz.

Faure, A., (2003), « Une expérience de concertation sur l'impact des éclusées en vallée de la Dordogne », *Concertation, décision et environnement. Regards croisés*, Paris, volume I, R. Billé, L. Mermet, (sous la direction de), La Documentation française, pp. 119-145.

Fisher, R., et Ury W., (1982), *Comment réussir une négociation*, Seuil.

Godbout, J.T., (1983), *La participation contre la démocratie*, Montréal, Les Éditions Albert Saint-Martin.

Lax, D.A., et Sebenius, J.K., (1986), *The manager as negotiator*, New York, The Free Press.

Mermet, L., (1992), *Stratégies pour la gestion de l'environnement. La nature comme jeu de société ?*, Paris, L'Harmattan.

Mermet, L., (2008), « Décisions négociées en matière d'infrastructures - lieux et formes de la négociation et de l'intermédiation », conférence du 12 mars 2007, Paris, Recherches Exposées en Ligne REEL-RGTE (www.rtge.centre-cired.fr/reel-rgte)

Mormont, M., Mougenot, C., Dasnoy, C., (2006), « La participation composante du développement durable :

quatre études de cas », *VertigO – La revue électronique en science de l'environnement*, Vol 7, n° 2, http://vertigo.revues.org/index2346.html

Mormont, M., (1998), « Un questionnement durkheimien du développement durable », *Environnement et Société*, n° 21, SEED – FUL, pp 69-79.

Raïffa, H., (1982) *The Art and Science of Negotiation - How to resolve conflicts and get the best out of bargaining*, Belknap, Harvard University Press.

UNEP, Global Environment Outlook, chapitre 5, disponible sur http://hqweb.unep.org/GEO/geo3/french/600.htm.

Vodoz, L., (1994), « La prise de décision par consensus : pourquoi, comment, à quelles conditions », *Environnement et Société*, n° 13, SEED-FUL, pp. 57-66.